Feine Macarons

Feine Macarons

Süße Köstlichkeiten selbst gemacht

Annie Rigg

Mit Fotos von Kate Whitaker

Jan Thorbecke Verlag

Dank

Bei Macarons hatte ich erneut das große Vergnügen, mit Kate Whitaker und Liz Belton zusammenzuarbeiten. Ein herzliches Dankeschön an beide für ihre großartigen Fotos bzw. Requisiten. Und danke auch an Rachel für ihre Hilfe und Unterstützung und für unzählige perfekte Macarons.
Ein ganz besonderes Dankeschön auch an Céline und Iona von Ryland Peters & Small, dafür, dass sie meine Arbeit wieder so perfekt umgesetzt haben.
Und Danke natürlich auch an Holly, meine Nachbarin, die wirklich jedes einzelne Rezept in diesem Buch probiert hat, bevor sie zu der Schlussfolgerung gelangte, dass Macarons „wirklich unglaublich" sind.

Anmerkungen

° Falls nicht ausdrücklich anders vermerkt, verwende ich bei Löffelangaben grundsätzlich gestrichene Tee- bzw. Esslöffel.

° Außerdem verwende ich, falls nicht anders angegeben, große Eier.

° Backöfen sollten immer auf die angegebene Temperatur vorgeheizt werden. Da aber kein Ofen dem anderen gleicht, empfehle ich die Verwendung eines Backofenthermometers. Darüber hinaus sollten Sie in der Bedienungsanleitung des Gerätes nachlesen, ob es irgendwelche Besonderheiten zu beachten gibt, insbesondere dann, wenn Sie mit einem Umluftofen backen. Es ist wichtig, dass die Temperatur gemäß den jeweiligen Herstellerangaben eingestellt wird.

Aus dem Englischen von Tanja Swoboda-Reimann

Bibliografische Information der Deutschen Nationalbibliothek
Die Deutsche Nationalbibliothek verzeichnet diese Publikation in der Deutschen Nationalbibliografie; detaillierte bibliografische Daten sind im Internet über http://dnb.d-nb.de abrufbar.

© der deutschen Ausgabe 2012 by Jan Thorbecke Verlag der Schwabenverlag AG, Ostfildern
www.thorbecke.de · info@thorbecke.de
© der Originalausgabe mit dem Titel „Macarons" 2011 erschienen bei Ryland Peters & Small Ltd, 20–21 Jockey's Fields, London WC1R 4BW

Text © Annie Rigg 2011
Design und Fotografien © Ryland Peters & Small 2011

ISBN 978-3-7995-0899-5

Inhalt

Das Grundrezept

Sobald Sie mit diesem Rezept gut klarkommen, können Sie im Prinzip jede von Ihnen gewünschte Farb- und Geschmackskombination ausprobieren. Falls nicht anders angegeben, sind die Rezepte für 40 Baiserschalen ausgelegt, also für 20 gefüllte Macarons.

200 g Puderzucker

100 g gemahlene Mandeln

120–125 g Eiweiß (etwa 3 Eier)

1 Prise Salz

40 g extrafeiner Zucker

1 Spritzbeutel mit einer 1 cm großen Tülle

2 Backbleche, mit antihaftbeschichtetem Backpapier ausgelegt

1 Geben Sie den Puderzucker und die Mandeln in eine Küchenmaschine und verrühren Sie beides gründlich miteinander. Stellen Sie die Mischung beiseite.

2 Geben Sie das Eiweiß in eine saubere trockene Rührschüssel, fügen Sie das Salz hinzu und schlagen Sie die Masse mit Hilfe eines elektrischen Handrührgerätes schaumig auf.

3 Schlagen Sie das Eiweiß dann auf mittlerer Stufe weiter auf und geben sie den extrafeinen Zucker teelöffelweise dazu. Rühren Sie die Masse nach jedem Löffel erneut um und achten Sie vor jeder neuen Zugabe darauf, dass die vorige gründlich untergemischt wurde. Die fertige Masse sollte fest, weiß und glänzend aussehen. (a)

4 Wenn Sie Lebensmittelfarbe verwenden möchten, dann fügen Sie diese bitte jetzt hinzu. Tunken Sie hierfür einen Cocktailspieß in die gewünschte Farbe, rühren Sie die Paste (bzw. das Pulver) unter die Eiweiß-Zucker-Masse und vermengen Sie alles gründlich miteinander, damit die Farbe gleichmäßig verteilt wird.

a

b

c

d

e

5 Rühren Sie die Puderzucker-Mandel-Mischung mit Hilfe eines Metalllöffels unter das aufgeschlagene Eiweiß. **(b)**

6 Rühren Sie die Masse etwa 1 Minute lang um, bis sie eine homogene, geschmeidige Konsistenz aufweist. Ist sie fertig, sollte sie zähflüssig von einem Löffel tropfen. **(c)**

7 Füllen Sie die Masse in einen Spritzbeutel und spritzen Sie sie in 5 cm großen Kreisen auf die vorbereiteten Backbleche. **(d)**

(Nach Schritt 7 müssen Sie sich ggf. nach dem jeweiligen Rezept richten.)

8 Schlagen Sie die Backbleche einmal kurz und kräftig gegen die Arbeitsplatte, damit Luftblasen entweichen können.

9 Zu diesem Zeitpunkt können Sie, je nach Rezeptangaben, essbare Verzierungen, flüssige Lebensmittelfarben etc. auf die Baiserschalen geben.

10 Lassen Sie die Macarons zwischen 15 und 60 Minuten lang ruhen, damit sie

etwas fester werden und eine trockene Außenhülle bekommen. Auf keinen Fall dürfen sich die Baiserschalen klebrig oder nass anfühlen, wenn Sie sie mit den Fingerspitzen berühren. **(e)**

11 Heizen Sie den Ofen auf 170 °C vor.

12 Backen Sie die Macarons auf mittlerer Schiene im vorgeheizten Ofen in 10 Minuten fertig, und zwar immer ein Backblech nach dem anderen. Die Oberfläche der Schalen sollte knusprig und die Unterseite trocken sein. Lassen Sie die Macarons auf den Blechen auskühlen.

Hilfreiche Tipps

° Bevor Sie mit dem Backen beginnen, sollten Sie alle Zutaten sorgfältig abgewogen und auf Zimmertemperatur gebracht haben. Legen Sie sich die benötigten Küchenutensilien zurecht und belegen Sie die Backbleche mit Backpapier.

° Statten Sie Ihren Spritzbeutel mit der richtigen Tülle aus. Ich persönlich drehe den Beutel direkt oberhalb der Tülle vorsichtig zusammen und schiebe die Tülle dann in den Spritzbeutel, damit die Masse später nicht herausfließen kann. Anschließend stelle ich den Beutel in eine Schüssel oder in ein hohes Glas und gieße die Masse hinein.

° Wenn Sie sichergehen möchten, dass all Ihre Macarons die gleiche Größe bekommen, dann können Sie als Hilfsmittel

einen runden Ausstecher verwenden. Fahren Sie die Umrisslinie des Ausstechers auf jeder Lage Backpapier 20 Mal nach, drehen Sie die Backpapiere anschließend um und spritzen Sie die Baisermasse auf die durchscheinenden Kreise.

° Die ungebackenen Macarons sollten Sie auf einem ebenen Untergrund zwischen 15 und 60 Minuten ruhen lassen, damit sie etwas trockener und fester werden. Dies ist sehr wichtig für das Gelingen der Macarons, denn dadurch erhalten sie eine glatte Oberfläche und bilden später beim Backen ihre obligatorischen „Füßchen" aus.

° Kein Ofen gleicht dem anderen. Es könnte daher notwendig werden, die angegebene Temperatur um einige Grade zu erhöhen bzw. zu reduzieren. Falls Ihr Backofen in der hinteren Hälfte stärker heizen sollte als in der vorderen, sollten Sie Ihre Backbleche außerdem nach 5 Minuten umdrehen, damit die Macarons im hinteren Teil des Ofens nicht verbrennen.

° Nachdem die Macarons gebacken, ausgekühlt und gefüllt sind, sollten Sie sie abdecken und vor dem Servieren 30 Minuten lang in den Kühlschrank (oder an einen anderen kühlen Ort) stellen.

° Falls Ihre Macarons beim ersten Versuch nicht gleich perfekt gelingen, dann lassen Sie sich bitte nicht entmutigen. Übung macht auch hier den Meister!

traditionelle Geschmacksrichtungen

Sobald Sie mit dem Macaron-Grundrezept vertraut sind, können Sie ganz nach Lust und Laune mit Aromen und Farben experimentieren.

Das Angebot an Lebensmittelfarben ist riesig. Sowohl Pasten- als auch Pulverfarben sind mittlerweile über Online-Anbieter in großer Auswahl verfügbar. Flüssige Naturfarben sind ebenfalls leicht zu beziehen, meistens allerdings nur in einer sehr begrenzten Farbauswahl (in der Regel Rot, Violett, Grün und Gelb). Die Töne sind jedoch bei weitem nicht so leuchtend und strahlend wie die von Pastenfarben.

Zum Aromatisieren von Macarons eignen sich vor allem natürliche Öle und Extrakte. Viele Online-Anbieter haben neben den Standardaromen auch einige ungewöhnliche Geschmacksrichtungen wie zum Beispiel Veilchen oder karamellisierter Apfel im Programm. Wie bei allen Aromen und Gewürzen gilt aber auch hier der Grundsatz: Weniger ist oft mehr! Zu Anfang also lieber sparsam dosieren.

Die aromatisierten Macarons auf der gegenüberliegenden Seite basieren allesamt auf dem Grundrezept (Seite 6).

Pistazie

50 g geschälte ungesalzene Pistazien
200 g Puderzucker
75 g gemahlene Mandeln
120–125 g Eiweiß (etwa 3 Eier)
1 Prise Salz
40 g (3 EL) extrafeiner Zucker
grüne Lebensmittelpaste

Verwenden Sie ungesalzene geschälte Pistazien von guter Qualität, geben Sie sie zusammen mit dem Puderzucker und den Mandeln in die Schale einer Küchenmaschine (Schritt 1 des Grundrezeptes von Seite 6) und vermahlen Sie alles zu einer feinkrümeligen Masse. Fügen Sie dann in Schritt 4 die grüne Lebensmittelfarbe hinzu und fahren Sie mit dem Rezept wie beschrieben fort.

Himbeere

200 g Puderzucker
100 g gemahlene Mandeln
120–125 g Eiweiß (etwa 3 Eier)
1 Prise Salz
40 g (3 EL) extrafeiner Zucker
Himbeeraroma
rosafarbene Lebensmittelpaste

Bereiten Sie die Macarons nach dem Grundrezept (Seite 6) zu, rühren Sie in Schritt 4 ein wenig rosafarbene Lebensmittelpaste und Himbeeraroma unter die Masse und fahren Sie mit dem Rezept wie beschrieben fort. Wenn Sie kein Himbeeraroma bekommen sollten, dann können Sie die Baiserschalen auch mit Ihrer Lieblings-Himbeermarmelade füllen.

Zitrone

200 g Puderzucker
100 g gemahlene Mandeln
120–125 g Eiweiß (ca. 3 Eier)
1 Prise Salz
40 g (3 EL) extrafeiner Zucker
1 ungewachste Zitrone
gelbe Lebensmittelpaste

Bereiten Sie die Macarons nach dem Grundrezept (Seite 6) zu. Waschen Sie die Zitrone, tupfen Sie sie trocken und reiben Sie die Schale fein ab. Vermengen Sie die Baisermasse in Schritt 4 des Grundrezeptes mit der abgeriebenen Schale und etwas gelber Lebensmittelfarbe und fahren Sie mit dem Rezept wie beschrieben fort. Füllen Sie die Macarons mit selbstgemachtem Lemon Curd (Seite 10).

Schokolade

2 EL hochwertiges Kakaopulver
200 g Puderzucker, minus 1 EL
100 g gemahlene Mandeln
120–125 g Eiweiß (ca. 3 Eier)
1 Prise Salz
40 g (3 EL) extrafeiner Zucker
rote Lebensmittelpaste

Geben Sie in Schritt 1 des Grundrezeptes (Seite 6) das Kakaopulver zusammen mit dem Puderzucker und den Mandeln in die Schale einer Küchenmaschine, geben Sie in Schritt 4 ein wenig rote Lebensmittelpaste hinzu, um die Farbe zu intensivieren, und fahren Sie mit dem Rezept wie beschrieben fort. Füllen Sie die Schokoladenmacarons mit Schokoladencreme (Seite 10).

Füllungen

Schokoladen-creme

150 g Zartbitterschokolade, fein gehackt
150 ml Crème double
1 EL brauner Mascobado (unraffinierter Vollrohrzucker)
1 Prise Salz

Streuen Sie die Schokoladenstückchen in eine hitzebeständige Schale und geben Sie die Crème double und den Zucker in einen kleinen Topf. Erwärmen Sie die Zucker-Sahne-Mischung bei niedriger bis mittlerer Hitze, lassen Sie sie solange köcheln, bis der Zucker vollständig gelöst und die Sahne zum Kochen gekommen ist, und fügen Sie dann das Salz hinzu. Gießen Sie die heiße Sahnemischung über die Schokolade, um diese zum Schmelzen zu bringen, und rühren Sie die Masse anschließend glatt. Lassen Sie die Schokoladencreme vor der Weiterverarbeitung eine Weile ruhen, damit sie etwas nachdicken kann.

Lemon Curd

3 Eigelb
75 g extrafeiner Zucker
3 EL ungesalzene Butter, in Würfeln
Saft und abgeriebene Schale von
1 ungewachsten Zitrone

Geben Sie alle Zutaten in eine Schale, stellen Sie die Schale auf einen Topf mit köchelndem Wasser und rühren Sie mit Hilfe eines Holzkochlöffels, bis der Zucker gelöst und die Butter geschmolzen ist. Lassen Sie das Curd unter gelegentlichem Rühren etwa 15 Minuten lang köcheln, bis es eingedickt ist. Geben Sie das Curd durch ein Sieb, fangen Sie es in einer sauberen Schale auf und decken Sie es mit Frischhaltefolie ab. Lassen Sie es etwas auskühlen und stellen Sie es in den Kühlschrank.

Vanillecreme

3 Eigelb
75 g extrafeiner Zucker
1 EL Speisestärke
250 ml Vollfettmilch
1 Vanilleschote, der Länge nach aufgeschlitzt
3 EL ungesalzene Butter, in Würfel geschnitten
100 ml Crème double

Vermengen Sie die Eigelbe mit dem Zucker und der Stärke in einer hitzebeständigen Schale.

Geben Sie die Milch und die Vanilleschote in einen kleinen Topf, erhitzen Sie die Milch bis zum Siedepunkt und entfernen Sie danach die Vanilleschote. Gießen Sie die heiße Milch über die Eiermischung, vermengen Sie alles gründlich miteinander und geben Sie die Masse wieder in den Topf zurück. Rühren Sie Masse anschließend auf kleiner Flamme um, bis sie zum Kochen gekommen und merklich eingedickt ist, streichen Sie sie durch ein Sieb und fangen Sie sie in einer sauberen Schale auf. Fügen Sie die Butter hinzu, bringen Sie diese unter Rühren zum Schmelzen, bis sie sich vollständig mit der Eiermilch verbunden hat, und decken Sie die Oberfläche der Creme mit Frischhaltefolie ab. Lassen Sie die Creme etwas auskühlen und stellen Sie sie dann in den Kühlschrank.

Schlagen Sie die Sahne steif und rühren Sie sie unter die ausgekühlte Creme.

Buttercreme

125 g ungesalzene weiche Butter
250 g Puderzucker
1 TL Vanille-, Zitronen-, Kaffee- oder Orangenextrakt oder Rosenwasser

Schlagen Sie die Butter cremig auf, fügen Sie nach und nach den gesiebten Puderzucker hinzu und rühren Sie alles glatt. Geben Sie das gewünschte Aroma dazu und mischen Sie es gründlich unter. Servieren Sie die Buttercreme zimmerwarm.

Weisse Schokoladen- creme

150 g weiße Schokolade, fein gehackt
5 EL Crème double
1 TL Vanilleextrakt

Geben Sie die Schokolade in eine hitzebeständige Schale, vermengen Sie die Sahne mit dem Vanilleextrakt in einem kleinen Topf und erhitzen Sie die Sahnemischung bis zum Siedepunkt. Gießen Sie sie anschließend über die Schokolade, lassen Sie die Mischung 1 Minute lang stehen, bis die Schokolade geschmolzen ist, und rühren Sie dann alles glatt. Lassen Sie die Creme etwas auskühlen, decken Sie sie mit Frischhaltefolie ab und stellen Sie sie zum Festwerden in den Kühlschrank.

Mascarponecreme

Süßen Sie die gewünschte Menge geschlagene Sahne oder Mascarpone mit Puderzucker bzw. extrafeinem Zucker und fügen Sie danach einen Tropfen Vanille- oder Kaffeearoma, etwas Zitronenschale und Zitronensaft oder einfach einen Schuss Ihres Lieblingslikörs hinzu.

Weitere Tipps

Wenn Sie wenig Zeit zur Verfügung haben, dann können Sie Ihre Macarons alternativ auch mit hochwertigen Konfitüren, Schokoladenaufstrichen oder Karamellsoßen aus dem Supermarkt füllen. Noch leckerer schmeckt die Füllung, wenn Sie die oben genannten Fertigprodukte mit etwas steif geschlagener Sahne, Mascarpone oder Crème fraîche verfeinern.

Und hier noch ein paar „Expressfüllungen":

° Schlagen Sie Sahne steif und rühren Sie ein paar leicht zerdrückte Himbeeren oder Erdbeeren unter.

° Mischen Sie das Fruchtfleisch von Passionsfrüchten unter Ihr selbstgemachtes Lemon Curd.

° Füllen Sie die Macarons mit einem kleinen Klecks Ihres Lieblingseises und servieren Sie dazu Schokoladensoße oder frisches Fruchtcoulis (Fruchtpüree).

Himmlische Verbindungen

Auf der Suche nach neuen Ideen? Dann probieren Sie doch einmal eine dieser Kombinationen. Die Baiserschalen eines jeden Stapels sind identisch, nur die Füllungen unterscheiden sich voneinander (in der Reihenfolge von oben nach unten):

Kokosnuss-Baiser-schalen

(Seite 57), gefüllt mit:

Aprikosen-Mascarpone-Creme (Seite 21)

Bananen-Karamell-Creme (Seite 38)

Passionsfruchtcreme (Seite 46)

Schokoladen-Baiser-schalen

(Seite 9), gefüllt mit:

Salziger Karamellcreme (Seite 37)

Kaffeecreme (Seite 35)

Erdnussbutter (Seite 54)

Mandel-Baiserschalen

(Seite 58), gefüllt mit:

Weißer Schokoladencreme (Seite 13)

Dunkler Schokoladencreme (Seite 10)

Lebkuchengewürzcreme (Seite 51)

Malzmilch-Baiserschalen

(Seite 45), gefüllt mit:

Haselnuss-Schokoladen-Creme (Seite 61)

Gekaufter Karamellsoße

Mandelkaramell-Creme (Seite 58)

Kreative Kombinationen

Sobald Sie mit dem Macaron-Grundrezept vertraut sind, können Sie mit allen nur erdenklichen Farb- und Geschmackskombinationen experimentieren. Ihrer Fantasie sind dabei keine Grenzen gesetzt. Warum bereiten Sie nicht einmal zwei unterschiedliche Sorten Baiser zu und dazu drei oder vier verschiedene Füllungen und setzen Ihre Macarons ganz nach Lust und Laune zusammen?

Hier sehen Sie einige meiner Lieblingskombinationen:

• Himbeer-Baiserschalen mit einer Füllung aus weißer oder dunkler Schokoladencreme

• Vanille-Baiserschalen mit Aprikosen- oder Mangocremefüllung

• rosafarbene und grüne Baiserschalen mit einer Füllung aus leckerer Himbeermarmelade und geschlagener Sahne

• Schokoladen-Malzmilch-Baiserschalen mit Kaffeecremefüllung

• Kokosnuss-Bananen-Baiserschalen mit Lebkuchengewürzfüllung

• Zitronen-Baiserschalen mit einer Füllung aus frischen Blaubeeren

Früchte
& Blumen

Spritzen Sie das Baiser zur Abwechslung doch einmal in länglicher anstatt in runder Form aufs Backpapier und füllen Sie die Macarons anschließend mit Blaubeerpüree, frischen Blaubeeren und einer leckeren Vanillecreme.

Blaubeere & Vanille

1 Portion des Macaron-Grundrezeptes (Seite 6)
violette Lebensmittelpaste
rosafarbene oder violette Zuckerstreusel

Füllung

300 g Blaubeeren
1 EL Kristallzucker
1 Portion Vanillecreme (Seite 11)

2 Backbleche,
mit Backpapier ausgelegt
1 Spritzbeutel mit sternförmiger Tülle

Bereiten Sie die Macarons nach dem Grundrezept (Seite 6) zu und fügen sie in Schritt 4 die violette Lebensmittelfarbe hinzu.

Spritzen Sie 6 cm lange „Baiserfinger" (anstelle von Kreisen) auf die vorbereiteten Bleche, schlagen Sie die Bleche einmal kräftig gegen die Arbeitsplatte, damit Luftblasen entweichen können, und bestreuen Sie die Masse mit den Zuckerstreuseln. Lassen Sie die Macarons anschließend 15–60 Minuten lang ruhen.

Heizen Sie den Backofen auf 170 °C vor. Backen Sie die Macarons auf mittlerer Schiene im vorgeheizten Ofen in 10 Minuten fertig (immer ein Blech nach dem anderen) und lassen Sie sie danach auf den Blechen auskühlen.

Geben Sie für die Füllung die Hälfte der Blaubeeren in einen kleinen Topf, fügen Sie den Zucker und 1 EL Wasser hinzu und lassen Sie die Mischung bei mittlerer Hitze köcheln, bis die Beeren aufzuplatzen beginnen. Kochen Sie die Mischung dickflüssig ein, bis sie die Konsistenz von Konfitüre aufweist, streichen Sie sie durch ein Nylonsieb in eine kleine Schale und stellen Sie sie danach zum Auskühlen beiseite.

Bestreichen Sie die Hälfte der Baiserfinger mit der Füllung, verteilen Sie die Blaubeeren gleichmäßig darauf und spritzen Sie dann die Vanillecreme zwischen die einzelnen Beeren. Legen Sie die andere Hälfte der Baiserfinger als Abschluss darauf.

Diese Macarons sehen besonders hübsch aus, wenn Sie sie mit gelber und roter Lebensmittelfarbe besprenkeln. Und falls gerade „Aprikosenzeit" sein sollte, dann können Sie die Füllung auch aus frischen pürierten Früchten zubereiten.

Aprikose & Mandel

1 Portion des Macaron-Grundrezeptes (Seite 6)
gelbe Lebensmittelpaste
rote und gelbe Flüssigfarbe

Füllung

150 g getrocknete entsteinte Aprikosen
1 EL Zitronensaft
1 EL Honig
2–3 EL Amaretto oder Aprikosenbrandy
4 großzügig bemessene EL Mascarpone

2 Backbleche, mit Backpapier ausgelegt
1 saubere Zahnbürste

Bereiten Sie die Füllung schon am Vortag zu. Hacken Sie dafür die getrockneten Aprikosen in grobe Stücke, geben Sie sie zusammen mit dem Zitronensaft, dem Honig und dem Amaretto bzw. dem Brandy in einen kleinen Topf und erwärmen Sie die Mischung vorsichtig bei niedriger bis mittlerer Hitze. Nehmen Sie den Topf danach vom Herd und weichen Sie die Aprikosen über Nacht in der Flüssigkeit ein.

Geben Sie die Aprikosen mit der Einweichflüssigkeit in eine Küchenmaschine und pürieren Sie sie zu einer geschmeidigen Masse. Rühren Sie anschließend den Mascarpone unter, füllen Sie die Creme in eine Schale und stellen Sie sie bis zur Weiterverarbeitung zugedeckt in den Kühlschrank.

Bereiten Sie die Macarons nach dem Grundrezept (Seite 6) zu und fügen Sie in Schritt 4 die gelbe Lebensmittelfarbe hinzu.

Spritzen Sie die Baisermasse in 5 cm großen Kreisen auf die vorbereiteten Backbleche, schlagen Sie die Bleche einmal kräftig gegen die Arbeitsplatte und geben Sie eine kleine Menge der roten Flüssigfarbe auf einen Unterteller. Tunken Sie die Zahnbürste in die Farbe und besprenkeln Sie die Oberfläche der Baiserschalen mit kleinen roten Farbtupfen, indem Sie die Bürste über dem Baiser ein paar Mal kräftig ausschütteln. Wiederholen Sie denselben Vorgang mit der gelben Lebensmittelfarbe und lassen Sie die Macarons anschließend 15–60 Minuten lang ruhen.

Heizen Sie den Backofen auf 170 °C vor. Backen Sie die Macarons auf mittlerer Schiene im vorgeheizten Ofen in 10 Minuten fertig (immer ein Blech nach dem anderen) und lassen Sie sie danach auf den Blechen auskühlen.

Bestreichen Sie die Hälfte der Baiserschalen mit der Füllung, legen Sie die andere Hälfte der Schalen als Abschluss darauf und lassen Sie die gefüllten Macarons vor dem Servieren 30 Minuten ruhen.

Diese Macarons sind wirklich etwas ganz Besonderes! Beim ersten Bissen nimmt man lediglich das kräftige Aroma der Zartbitterschokolade wahr, doch unmittelbar darauf dominiert bereits der säuerlich-herbe Geschmack der schwarzen Johannisbeere.

Johannisbeere & Schokolade

1 Portion des Macaron-Grundrezeptes (Seite 6)

violette Lebensmittelpaste

Füllung

125 g frische oder tiefgekühlte schwarze Johannisbeeren

1–2 EL Kristallzucker

1 EL Crème de Cassis (Johannisbeerlikör)

100 g Zartbitterschokolade, fein gehackt

100 ml Crème double

½ EL brauner Mascobado (unraffinierter Vollrohrzucker)

2 Backbleche, mit Backpapier ausgelegt

Bereiten Sie zuerst die Füllung und danach das Baiser zu. Geben Sie die Johannisbeeren in einen kleinen Topf, fügen Sie den Kristallzucker und 1 EL Wasser hinzu und lassen Sie die Beeren auf kleiner Flamme köcheln, bis sie weich und saftig sind. Nehmen Sie den Topf vom Herd, streichen die Mischung durch ein Nylonsieb in eine kleine Schale und fügen Sie gegebenenfalls noch etwas Zucker hinzu. Geben Sie das Püree wieder in den Topf zurück, fügen Sie den Johannisbeerlikör hinzu und reduzieren Sie die Mischung unter ständigem Rühren und bei niedriger Hitze auf 4 EL.

Geben Sie die Schokolade in eine hitzebeständige Schale, bringen Sie die Crème double und den Mascobado in einem kleinen Topf zum Kochen und gießen Sie die heiße Sahnemischung über die Schokoladenstückchen. Vermengen Sie anschließend beide Komponenten gründlich miteinander, fügen Sie das Johannisbeerpüree hinzu und lassen Sie die Creme vollständig erkalten. Stellen Sie sie bis zur Weiterverarbeitung zugedeckt in den Kühlschrank.

Bereiten Sie die Macarons nach dem Grundrezept (Seite 6) zu und fügen Sie in Schritt 4 die violette Lebensmittelfarbe hinzu.

Spritzen Sie die Baisermasse in 5 cm großen Kreisen auf die vorbereiteten Backbleche, schlagen Sie die Bleche einmal kräftig gegen die Arbeitsplatte, damit Luftblasen entweichen können und lassen Sie die Macarons anschließend 15–60 Minuten lang ruhen.

Heizen Sie den Backofen auf 170 °C vor. Backen Sie die Macarons auf mittlerer Schiene im vorgeheizten Ofen in 10 Minuten fertig (immer ein Blech nach dem anderen) und lassen Sie sie danach auf den Blechen auskühlen.

Bestreichen Sie die Hälfte der Baiserschalen mit der Füllung, legen Sie die andere Hälfte der Schalen als Abschluss darauf und lassen Sie die gefüllten Macarons vor dem Servieren 30 Minuten ruhen.

Von diesen köstlichen, mit Rosenwasser aromatisierten Macarons sollten Sie am besten gleich mehrere Dosen voll zubereiten, am besten in vielen verschiedenen Rosé-Schattierungen.

Rosenwasser & Buttercreme

1 Portion des Macaron-
Grundrezeptes (Seite 6)
rosafarbene Lebensmittelpaste
½ TL Rosenwasser
1 EL rosafarbene
Zuckerstreusel oder kandierte
Rosenblütenblätter, fein
gehackt

Füllung

1 Portion Buttercreme
(Seite 11), mit ½ TL
Rosenwasser aromatisiert

2 Backbleche,
mit Backpapier ausgelegt
1 Spritzbeutel
mit sternförmiger Tülle

Bereiten Sie die Macarons nach dem Grundrezept (Seite 6) zu und fügen Sie in Schritt 4 die rosafarbene Lebensmittelpaste und das Rosenwasser hinzu.

Spritzen Sie die Baisermasse in 5 cm großen Kreisen auf die vorbereiteten Backbleche, schlagen Sie die Bleche einmal kräftig gegen die Arbeitsplatte, damit Luftblasen entweichen können, und bestreuen Sie die Oberfläche mit den Zuckerstreuseln bzw. den kandierten Blütenblättern. Lassen Sie die Macarons anschließend 15–60 Minuten lang ruhen.

Heizen Sie den Backofen auf 170 °C vor. Backen Sie die Macarons auf mittlerer Schiene im vorgeheizten Ofen in 10 Minuten fertig (immer ein Blech nach dem anderen) und lassen Sie sie danach auf den Blechen auskühlen.

Füllen Sie die Buttercreme in den Spritzbeutel und spritzen Sie sie gleichmäßig auf die Hälfte der Baiserschalen. Legen Sie anschließend die andere Hälfte der Schalen als Abschluss darauf und lassen Sie die gefüllten Macarons vor dem Servieren 30 Minuten ruhen.

Diese kleinen Köstlichkeiten erinnern an Schokoladenpralinen mit Veilchen-Fondantfüllung, nur eben in Form von Macarons.

Veilchen & Schokoladencreme

1 Portion des Macaron-Grundrezeptes (Seite 6)
1–2 TL Veilchenaroma
violette Lebensmittelpaste

Füllung

½ Portion dunkle Schokoladencreme (Seite 10)
½ Portion weiße Schokoladencreme (Seite 13)

2 Backbleche, mit Backpapier ausgelegt
2 Spritzbeutel mit sternförmiger Tülle

Ergibt etwa 30 Macarons

Bereiten Sie die Macarons nach dem Grundrezept (Seite 6) zu und fügen Sie in Schritt 4 das Veilchenaroma und etwas violette Lebensmittelfarbe hinzu.

Spritzen Sie die Baisermasse in 2,5 cm großen Kreisen auf die vorbereiteten Backbleche, schlagen Sie die Bleche einmal kräftig gegen die Arbeitsplatte, damit Luftblasen entweichen können, und lassen Sie die Macarons anschließend 15–60 Minuten lang ruhen.

Heizen Sie den Backofen auf 170 °C vor. Backen Sie die Macarons auf mittlerer Schiene im vorgeheizten Ofen in 7 Minuten fertig (immer ein Blech nach dem anderen) und lassen Sie sie danach auf den Blechen auskühlen.

Füllen Sie den einen Spritzbeutel mit der dunklen und den anderen Spritzbeutel mit der weißen Schokoladencreme. Spritzen Sie eine der beiden Cremes auf ein Viertel der Baiserschalen und legen Sie ein weiteres Viertel der Schalen als Abschluss darauf. Verfahren Sie ebenso mit der anderen Schokoladencreme und den restlichen Baiserschalen. Lassen Sie die gefüllten Macarons vor dem Servieren 30 Minuten ruhen.

Die klassisch herbstliche Apfel-Brombeer-Kombination ist die ideale Füllung für Macarons — nicht nur, weil sie fantastisch schmeckt, sondern auch, weil sich die Farben so perfekt ergänzen.

Apfel & Brombeere

1 Portion des Macaron-
Grundrezeptes (Seite 6)
violette Lebensmittelpaste
grüne Lebensmittelpaste

Füllung

4 kleine Dessert-Äpfel
(z.B. Cox Orange oder
Winesap)
1 EL Kristallzucker
frisch ausgepresster Saft
von ½ Zitrone
125 g Brombeeren
100 ml Crème double

2 Backbleche,
mit Backpapier ausgelegt
1 Spritzbeutel
mit sternförmiger Tülle

Bereiten Sie zuerst die Füllung und danach das Baiser zu. Schälen und entkernen Sie die Äpfel, schneiden Sie sie klein und geben Sie sie zusammen mit dem Zucker und dem Zitronensaft in einen mittelgroßen Topf. Decken Sie den Topf ab, lassen Sie die Mischung auf kleiner Flamme unter gelegentlichem Rühren weich köcheln und fügen Sie danach die Brombeeren hinzu. Lassen Sie das Ganze nochmals 10–15 Minuten lang köcheln, bis die Früchte zu einem dickflüssigen Püree verkocht sind, nehmen Sie den Topf wieder vom Herd und streichen Sie die Mischung durch ein Nylonsieb in eine kleine Schale. Schmecken Sie das Püree ab und fügen Sie bei Bedarf noch etwas Zucker hinzu.

Bereiten Sie die Macarons nach dem Grundrezept (Seite 6) zu und teilen Sie die Baisermasse in Schritt 4 in zwei gleichgroße Hälften. Mischen Sie dann unter die eine Hälfte die violette und unter die andere Hälfte die grüne Lebensmittelfarbe.

Spritzen Sie 20 Kleckse der violetten Baisermasse auf das eine Backblech und 20 Kleckse der grünen Baisermasse auf das andere Backblech und schlagen Sie beide Bleche einmal kräftig gegen die Arbeitsplatte, damit Luftblasen entweichen können. Lassen Sie die Macarons anschließend 15–60 Minuten lang ruhen.

Heizen Sie den Backofen auf 170 °C vor. Backen Sie die Macarons auf mittlerer Schiene im vorgeheizten Ofen in 10 Minuten fertig (immer ein Blech nach dem anderen) und lassen Sie sie danach auf den Blechen auskühlen.

Streichen Sie die Fruchtfüllung auf die violetten Baiserschalen, schlagen Sie die Crème double leicht auf und füllen Sie sie anschließend in den Spritzbeutel. Spritzen Sie die aufgeschlagene Sahne auf die grünen Baiserschalen und kleben Sie dann immer zwei verschiedenfarbige Schalen zusammen. Lassen Sie die gefüllten Macarons vor dem Servieren 30 Minuten ruhen.

Ich liebe Fruchtcurds aller Art, und diese leckere Füllung aus Himbeeren und Passionsfrüchten macht da keine Ausnahme. Wenn Sie den Farbton einen Hauch kräftiger mögen, dann fügen Sie einfach noch etwas rote oder violette Lebensmittelfarbe hinzu.

Erdbeere & Vanillecreme

1 Portion des Macaron-Grundrezeptes (Seite 6)

1 Vanilleschote, der Länge nach aufgeschlitzt

rote oder rosafarbene essbare Glitzerdeko

Füllung

4 EL Erdbeermarmelade von bester Qualität

1 Portion Vanillecreme (Seite 11)

2 Backbleche, mit Backpapier ausgelegt

1 Spritzbeutel mit einfacher Tülle

Bereiten Sie die Macarons nach dem Grundrezept (Seite 6) zu und rühren Sie in Schritt 4 die Samen der ausgekratzten Vanilleschote unter.

Spritzen Sie die Baisermasse in 5 cm großen Kreisen auf die vorbereiteten Backbleche, schlagen Sie die Bleche einmal kräftig gegen die Arbeitsplatte, damit Luftblasen entweichen können, und bestreuen Sie die Oberfläche der Baiserschalen mit der Glitzerdeko. Lassen Sie die Macarons anschließend 15–60 Minuten lang ruhen.

Heizen Sie den Backofen auf 170 °C vor. Backen Sie die Macarons auf mittlerer Schiene im vorgeheizten Ofen in 10 Minuten fertig (immer ein Blech nach dem anderen) und lassen Sie sie danach auf den Blechen auskühlen.

Bestreichen Sie die Hälfte der Baiserschalen mit der Erdbeermarmelade (immer ½ TL Marmelade pro Schale), füllen Sie den Spritzbeutel mit der Vanillecreme und spritzen Sie die Creme auf die verbleibenden Schalen. Kleben Sie dann immer eine marmeladenbestrichene Schale mit einer cremebestrichenen Schale zusammen und lassen Sie die gefüllten Macarons vor dem Servieren 30 Minuten ruhen.

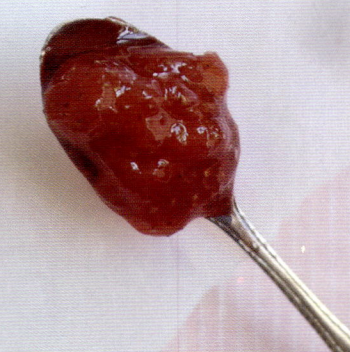

Ich liebe Fruchtcurds aller Art, und diese leckere Füllung aus Himbeeren und Passionsfrüchten macht da keine Ausnahme. Wenn Sie den Farbton einen Hauch kräftiger mögen, dann fügen Sie einfach noch etwas rote oder violette Lebensmittelfarbe hinzu.

Himbeere & Passionsfrucht

1 Portion des Macaron-Grundrezeptes (Seite 6)

rote oder rosafarbene Lebensmittelpaste

Füllung

125 g Himbeeren
2 Passionsfrüchte
3 Eigelb
50 g extrafeiner Zucker
50 g ungesalzene Butter, in Würfel geschnitten

2 Backbleche, mit Backpapier ausgelegt

Bereiten Sie die Macarons nach dem Grundrezept (Seite 6) zu und fügen Sie in Schritt 4 ein wenig rote oder rosafarbene Lebensmittelfarbe hinzu.

Spritzen Sie die Baisermasse in 5 cm großen Kreisen auf die vorbereiteten Backbleche, schlagen Sie die Bleche einmal kräftig gegen die Arbeitsplatte, damit alle größeren Luftblasen entweichen können, und lassen Sie die Macarons anschließend 15–60 Minuten lang ruhen.

Heizen Sie den Backofen auf 170 °C vor. Backen Sie die Macarons auf mittlerer Schiene im vorgeheizten Ofen in 10 Minuten fertig (immer ein Blech nach dem anderen) und lassen Sie sie danach auf den Blechen auskühlen.

Pürieren Sie für die Füllung die Himbeeren grob in einer Küchenmaschine, streichen Sie die Masse anschließend durch ein Nylonsieb und fangen Sie alles in einer mittelgroßen hitzebeständigen Schale auf. Halbieren Sie die Passionsfrüchte, schaben Sie die Kerne heraus und geben Sie diese zusammen mit dem ausgetretenen Fruchtsaft zu den pürierten Himbeeren. Fügen Sie die Eigelbe, den Zucker und die Butter hinzu, stellen Sie die Schale auf einen Topf mit köchelndem Wasser und lassen Sie die Mischung anschließend unter gelegentlichem Rühren 10–15 Minuten lang köcheln, bis sie merklich eingedickt ist. Streichen Sie das fertige Fruchtcurd durch ein Sieb in eine saubere Schüssel, rühren Sie einen Klecks rote oder rosafarbene Lebensmittelfarbe darunter, falls Ihnen der Farbton nicht kräftig genug sein sollte, und decken Sie es danach mit Frischhaltefolie ab. Lassen Sie das Curd vollständig erkalten und stellen Sie es dann für mehrere Stunden in den Kühlschrank.

Bestreichen Sie die Hälfte der Baiserschalen mit der Füllung, legen Sie die andere Hälfte der Schalen als Abschluss darauf und lassen Sie die gefüllten Macarons vor dem Servieren 30 Minuten ruhen.

Kaffee, Karamell & Schokolade

Füllen Sie diese köstlichen, nach Kaffee schmeckenden Macarons am besten mit einer extra dicken Schicht Creme. Anstelle der Vanillecreme können Sie aber auch dunkle Schokoladencreme (Seite 10) verwenden und diese mit Kaffeeextrakt aromatisieren.

Cappuccino

1 Portion des Macaron-
Grundrezeptes (Seite 6)
2 TL Kaffeeextrakt oder die gleiche
Menge Instantkaffeepulver, in 1 TL
kochendem Wasser aufgelöst
braune Lebensmittelpaste
Kakaopulver zum Bestäuben

Füllung

1 Portion Vanillecreme (Seite 11)
1 TL Kaffeeextrakt

2 Backbleche,
mit Backpapier ausgelegt
1 Spritzbeutel mit einfacher Tülle

Bereiten Sie die Macarons nach dem Grundrezept (Seite 6) zu und fügen Sie in Schritt 4 den Kaffeeextrakt und die braune Lebensmittelfarbe hinzu.

Spritzen Sie die Baisermasse in 5 cm großen Kreisen auf die vorbereiteten Backbleche, schlagen Sie die Bleche einmal kräftig gegen die Arbeitsplatte, damit Luftblasen entweichen können, und bestäuben Sie die Oberfläche mit dem Kakaopulver. Lassen Sie die Macarons anschließend 15–60 Minuten lang ruhen.

Heizen Sie den Backofen auf 170 °C vor. Backen Sie die Macarons auf mittlerer Schiene im vorgeheizten Ofen in 10 Minuten fertig (immer ein Blech nach dem anderen) und lassen Sie sie danach auf den Blechen auskühlen.

Bereiten Sie die Vanillecreme nach dem Rezept auf Seite 11 zu, rühren Sie den Kaffeeextrakt unter und füllen Sie die Masse in den Spritzbeutel. Spritzen Sie die Creme anschließend in zwei oder drei übereinander liegenden Schichten auf die Hälfte der Baiserschalen, legen Sie die andere Hälfte der Schalen als Abschluss darauf und lassen Sie die gefüllten Macarons vor dem Servieren 30 Minuten ruhen.

Gesalzenes Karamell scheint momentan total „in" zu sein. Und tatsächlich, der Geschmack dieser ungewöhnlichen Kombination in einem Macaron ist schlichtweg ein Traum.

Gesalzenes Karamell

1 Portion des Macaron-
Grundrezeptes (Seite 6)
1 TL Vanilleextrakt

Füllung

75 g extrafeiner Zucker
75 g brauner Mascobado
(unraffinierter Vollrohrzucker)
50 g (3 EL) ungesalzene Butter
100 ml Crème double
½ TL Meersalzflocken

2 Backbleche,
mit Backpapier ausgelegt

Bereiten Sie die Macarons nach dem Grundrezept (Seite 6) zu und fügen Sie in Schritt 4 den Vanilleextrakt hinzu.

Spritzen Sie die Baisermasse in 5 cm großen Kreisen auf die vorbereiteten Backbleche, schlagen Sie die Bleche einmal kräftig gegen die Arbeitsplatte, damit Luftblasen entweichen können, und lassen Sie die Macarons anschließend 15–60 Minuten lang ruhen.

Heizen Sie den Backofen auf 170 °C vor. Backen Sie die Macarons auf mittlerer Schiene im vorgeheizten Ofen in 10 Minuten fertig (immer ein Blech nach dem anderen) und lassen Sie sie danach auf den Blechen auskühlen.

Erwärmen Sie für die Füllung den extrafeinen Zucker mit 2 EL Wasser bei niedriger Hitze in einem kleinen Topf, lösen Sie den Zucker dabei unter Rühren auf und bringen Sie danach alles vorsichtig zum Kochen. Lassen Sie die Mischung köcheln, bis der Sirup zu bernsteinfarbenem Karamell geworden ist, nehmen Sie den Topf vom Herd und fügen Sie den Mascobado, die Butter und die Crème double hinzu. Lösen Sie den Zucker unter Rühren vollständig auf, lassen Sie das Karamell in 3–4 Minuten auf kleiner Flamme dickflüssig einkochen, bis es an der Rückseite eines Löffels haften bleibt, und nehmen Sie den Topf erneut vom Herd. Geben Sie zum Schluss das Salz dazu, gießen Sie das Karamell in eine Schale und lassen Sie es vollständig erkalten und eindicken.

Bestreichen Sie die Hälfte der Baiserschalen mit der Füllung, legen Sie die andere Hälfte der Schalen als Abschluss darauf und lassen Sie die gefüllten Macarons vor dem Servieren 30 Minuten ruhen.

Bei diesen „Familienmacarons" verbinden sich Bananen, Karamell, Schokolade und Sahne zu einer traumhaft leckeren Füllung.

Banoffee

1 Portion des Macaron-Grundrezeptes (Seite 6)

gelbe Lebensmittelpaste

2–3 EL getrocknete Bananenchips, klein gehackt

Füllung

75 g extrafeiner Zucker

1 große oder 2 kleine reife Bananen, geschält und in dicke Scheiben geschnitten

1 Portion Schokoladencreme (Seite 10)

100 ml Crème double

2 Backbleche, mit Backpapier ausgelegt

1 Spritzbeutel, mit einfacher Tülle

Bereiten Sie die Macarons nach dem Grundrezept (Seite 6) zu und fügen Sie in Schritt 4 die gelbe Lebensmittelfarbe hinzu.

Spritzen Sie die Baisermasse in 5 cm großen Kreisen auf die vorbereiteten Backbleche, schlagen Sie die Bleche einmal kräftig gegen die Arbeitsplatte, damit Luftblasen entweichen können, und bestreuen Sie die Oberfläche der Baiserschalen mit den klein gehackten Bananenchips. Lassen Sie die Macarons anschließend 15–60 Minuten lang ruhen.

Heizen Sie den Backofen auf 170 °C vor. Backen Sie die Macarons auf mittlerer Schiene im vorgeheizten Ofen in 10 Minuten fertig (immer ein Blech nach dem anderen) und lassen Sie sie danach auf den Blechen auskühlen.

Erwärmen Sie für die Füllung den Zucker mit 1–2 EL Wasser bei niedriger Hitze in einem kleinen Topf, lösen Sie den Zucker dabei komplett auf und erhöhen Sie anschließend die Temperatur. Bringen Sie den Sirup vorsichtig zum Kochen, lassen Sie ihn köcheln, bis er zu bernsteinfarbenem Karamell geworden ist, und nehmen Sie danach den Topf vom Herd. Rühren Sie die Bananen unter, geben Sie die Mischung in die Schale einer Küchenmaschine und pürieren Sie alles zu einer geschmeidigen Masse. Stellen Sie das Bananenkaramell bis zum vollständigen Erkalten beiseite.

Bestreichen Sie die Hälfte der Baiserschalen mit der Schokoladencreme, schlagen Sie die Crème double leicht auf und füllen Sie sie in den Spritzbeutel. Spritzen Sie die aufgeschlagene Sahne anschließend kreisförmig auf den Rand der restlichen Baiserschalen, geben Sie in die Mitte eines jeden Kreises einen kleinen Klecks Banoffee-Sauce und kleben Sie dann immer zwei unterschiedlich bestrichene Baiserschalen zusammen. Lassen Sie die gefüllten Macarons vor dem Servieren 30 Minuten ruhen.

Macarons im Stil des Malers Jackson Pollock! Tunken Sie einfach eine saubere Zahnbürste in flüssige Lebensmittelfarbe und spritzen Sie damit winzige Farbtupfer auf die ungebackene Oberfläche der Baiserschalen.

Weisse Schokolade & Himbeere

1 Portion des Macaron-
Grundrezeptes (Seite 6)
1 TL Vanilleextrakt
flüssige rote Lebensmittelfarbe

Füllung

1 Portion weiße
Schokoladencreme (Seite 13)
200 g Himbeeren

2 Backbleche,
mit Backpapier ausgelegt
1 saubere Zahnbürste
1 Spritzbeutel
mit sternförmiger Tülle

Bereiten Sie die Macarons nach dem Grundrezept (Seite 6) zu und fügen Sie in Schritt 4 den Vanilleextrakt hinzu.

Spritzen Sie die Baisermasse in 5 cm großen Kreisen auf die vorbereiteten Backbleche, schlagen Sie die Bleche einmal kräftig gegen die Arbeitsplatte, damit Luftblasen entweichen können, und geben Sie anschließend etwas von der roten Lebensmittelfarbe auf einen Unterteller. Tunken Sie die Zahnbürste in die Farbe und besprenkeln Sie die Macarons mit kleinen roten Farbtupfern, indem Sie mit Ihren Fingern vorsichtig über die Borsten streichen bzw. die Zahnbürste ein paar Mal kräftig über dem Baiser ausschütteln. Lassen Sie die Macarons anschließend 15–60 Minuten lang ruhen.

Heizen Sie den Backofen auf 170 °C vor. Backen Sie die Macarons auf mittlerer Schiene im vorgeheizten Ofen in 10 Minuten fertig (immer ein Blech nach dem anderen) und lassen Sie sie danach auf den Blechen auskühlen.

Füllen Sie die weiße Schokoladencreme in den Spritzbeutel und spritzen Sie auf die Hälfte der Baiserschalen je 4 Rosetten (möglichst nahe am Rand). Geben Sie anschließend je 1 Himbeere zwischen zwei Rosetten, legen Sie die andere Hälfte der Schalen als Abschluss darauf und lassen Sie die gefüllten Macarons vor dem Servieren 30 Minuten ruhen.

Schwarzwälder Kirsch in einem Macaron! Getrocknete Kirschen gehören zu meinen Lieblingsbackzutaten — und in Likör oder Schnaps eingeweicht, sind sie die perfekte Ergänzung zu dunkler Schokolade.

Schokolade & Kirsche

1 Portion des Schokoladen-Macaron-Rezeptes (Seite 9)

Füllung

75 g getrocknete Sauerkirschen

1–2 EL Kirschbrandy

1 EL Kristallzucker

1 Portion dunkle Schokoladencreme (Seite 10)

100 ml Crème double

2 Backbleche, mit Backpapier ausgelegt

Bereiten Sie zuerst die Füllung und danach das Baiser zu. Geben Sie die Kirschen zusammen mit dem Brandy, dem Zucker und 2 EL Wasser in einen kleinen Topf, erwärmen Sie alles auf kleiner Flamme und erhitzen Sie die Mischung bis zum Siedepunkt. Nehmen Sie den Topf wieder vom Herd und lassen Sie die Kirschen mindestens 2 Stunden lang darin liegen, bis sie die gesamte Flüssigkeit aufgesogen haben und dabei saftig und prall geworden sind. Stellen Sie die Schokoladencreme in den Kühlschrank.

Bereiten Sie die Schokoladen-Macarons nach dem Rezept auf Seite 9 zu. Spritzen Sie die Baisermasse in 5 cm großen Kreisen auf die vorbereiteten Backbleche, schlagen Sie die Bleche einmal kräftig gegen die Arbeitsplatte, damit Luftblasen entweichen können, und lassen Sie die Macarons anschließend 15–60 Minuten lang ruhen.

Heizen Sie den Backofen auf 170 °C vor. Backen Sie die Macarons auf mittlerer Schiene im vorgeheizten Ofen in 10 Minuten fertig (immer ein Blech nach dem anderen) und lassen Sie sie danach auf den Blechen auskühlen.

Geben Sie die Kirschen (plus eventuell übrig gebliebene Einweichflüssigkeit) in eine Küchenmaschine und verrühren Sie alles zu einer kleinstückigen Masse. Schlagen sie die Crème double leicht auf und rühren Sie sie unter die Kirschen.

Bestreichen Sie die eine Hälfte der Baiserschalen mit der Schokoladencreme und die andere Hälfte mit der Kirschcreme und kleben Sie dann immer zwei unterschiedlich bestrichene Schalen zusammen. Lassen Sie die gefüllten Macarons vor dem Servieren 30 Minuten ruhen.

Diese Macarons schmecken am besten zu einem warmen, kräftigen, mit Malz verfeinerten Schokoladendip. Tauschen Sie Ihre abendliche Tasse Kakao doch einmal gegen diese kleinen dekadenten Köstlichkeiten ein.

Malzschokolade

1 Portion des Macaron-
Grundrezeptes (Seite 6)

2 EL Malzmilchpulver

Kakaopulver zum Bestäuben

Füllung

1 Portion dunkle
Schokoladencreme (Seite 10)

1 EL Malzmilchpulver

2 Backbleche,
mit Backpapier ausgelegt

Bereiten Sie die Macarons nach dem Grundrezept (Seite 6) zu und fügen Sie in Schritt 1 das Malzmilchpulver hinzu.

Spritzen Sie die Baisermasse in 5 cm großen Kreisen auf die vorbereiteten Backbleche, schlagen Sie die Bleche einmal kräftig gegen die Arbeitsplatte, damit Luftblasen entweichen können, und bestreuen Sie die Oberfläche der Baiserschalen mit dem Kakaopulver. Lassen Sie die Macarons anschließend 15–60 Minuten lang ruhen.

Heizen Sie den Backofen auf 170 °C vor. Backen Sie die Macarons auf mittlerer Schiene im vorgeheizten Ofen in 10 Minuten fertig (immer ein Blech nach dem anderen) und lassen Sie sie danach auf den Blechen auskühlen.

Bereiten Sie für die Füllung die Schokoladencreme nach dem Rezept auf Seite 10 zu und rühren Sie dabei das Malzmilchpulver unter die heiße Sahnemischung.

Bestreichen Sie die Hälfte der Baiserschalen mit der Füllung, legen Sie die andere Hälfte der Schalen als Abschluss darauf und lassen Sie die gefüllten Macarons vor dem Servieren 30 Minuten ruhen.

Zunächst schmeckt man nur die Schokolade heraus, doch schon bald überwiegt das köstliche Aroma der Passionsfrucht.

Schokolade & Passionsfrucht

1 Portion des Macaron-Grundrezeptes (Seite 6)

gelbe Lebensmittelpaste

Schokoladenstreusel- oder flocken

Füllung

6 Passionsfrüchte

1 Portion dunkle Schokoladencreme (Seite 10)

2 Backbleche, mit Backpapier ausgelegt

Bereiten Sie die Macarons nach dem Grundrezept (Seite 6) zu und fügen Sie in Schritt 4 die gelbe Lebensmittelfarbe hinzu.

Spritzen Sie die Baisermasse in ca. 5 cm großen Kreisen auf die vorbereiteten Backbleche, schlagen Sie die Bleche einmal kräftig gegen die Arbeitsplatte, damit Luftblasen entweichen können, und bestreuen Sie die Oberfläche der Baiserschalen mit den Schokostreuseln. Lassen Sie die Macarons anschließend 15–60 Minuten lang ruhen.

Heizen Sie den Backofen auf 170 °C vor. Backen Sie die Macarons auf mittlerer Schiene im vorgeheizten Ofen in 10 Minuten fertig (immer ein Blech nach dem anderen) und lassen Sie sie danach auf den Blechen auskühlen.

Halbieren Sie für die Füllung die Passionsfrüchte, geben Sie die Kerne und den Saft in ein Nylonsieb, welches Sie zuvor auf einen kleinen Topf gestellt haben, und pressen Sie die Kerne mit Hilfe eines Löffelrückens durch das Sieb (am Ende sollten es insgesamt 4 bis 5 EL Saft sein). Erwärmen Sie den Passionsfruchtsaft bei mittlerer Hitze, bringen Sie ihn vorsichtig zum Kochen und lassen Sie ihn anschließend köcheln, bis er auf 1 bis 2 EL reduziert wurde.

Rühren Sie den eingekochten Passionsfruchtsaft unter die Schokoladencreme, streichen Sie die Creme auf die Hälfte der Baiserschalen und legen Sie die andere Hälfte der Schalen als Abschluss darauf. Lassen Sie die gefüllten Macarons vor dem Servieren 30 Minuten ruhen.

Diese Macarons sind ideal für die Weihnachtszeit. Die essbaren Goldsternchen, mit denen die Baiserschalen verziert sind, können Sie über Zuckerwaren-Anbieter beziehen.

Karamell & Muskatnusscreme

1 Portion des Macaron-
Grundrezeptes (Seite 6)
braune Lebensmittelpaste
frisch geriebener Muskat
essbare Goldsternchen

Füllung

75 g extrafeiner Zucker
200 ml Crème double
150 g Zartbitterschokolade,
fein gehackt
¼ TL frisch geriebener Muskat

2 Backbleche,
mit Backpapier ausgelegt

Bereiten Sie zuerst die Füllung und danach das Baiser zu. Geben Sie den Zucker zusammen mit 1 EL Wasser in einen kleinen Topf, lösen Sie den Zucker bei niedriger bis mittlerer Hitze vollständig auf und bringen Sie die Mischung anschließend zum Kochen. Lassen Sie den Sirup danach unter ständigem Rühren zu bernsteinfarbenem Karamell einkochen, nehmen Sie den Topf wieder vom Herd und heben Sie die Crème double unter. Rühren Sie die Masse, bis sie glatt und geschmeidig ist, und erwärmen Sie das Karamell bei Bedarf erneut auf kleiner Flamme.

Geben Sie die Schokolade in eine hitzebeständige Schale, gießen Sie die heiße Karamellmischung darauf und fügen Sie den frisch geriebenen Muskat hinzu. Rühren Sie die Masse glatt, lassen Sie sie gut auskühlen und stellen Sie sie anschließend zugedeckt in den Kühlschrank.

Bereiten Sie die Macarons nach dem Grundrezept (Seite 6) zu und fügen Sie in Schritt 4 die braune Lebensmittelfarbe und reichlich frisch geriebenen Muskat hinzu.

Spritzen Sie die Baisermasse in 5 cm großen Kreisen auf die vorbereiteten Backbleche, schlagen Sie die Bleche einmal kräftig gegen die Arbeitsplatte, damit Luftblasen entweichen können, und streuen Sie die Goldsternchen auf die Oberfläche der Baiserschalen. Lassen Sie die Macarons anschließend 15–60 Minuten lang ruhen.

Heizen Sie den Backofen auf 170 °C vor. Backen Sie die Macarons auf mittlerer Schiene im vorgeheizten Ofen in 10 Minuten fertig (immer ein Blech nach dem anderen) und lassen Sie sie danach auf den Blechen auskühlen.

Bestreichen Sie die Hälfte der Baiserschalen mit der Füllung, legen Sie die andere Hälfte der Schalen als Abschluss darauf und lassen Sie die gefüllten Macarons vor dem Servieren 30 Minuten ruhen.

Nüsse, Gewürze &
andere Leckereien

Hier schmeckt jeder Bissen nach Weihnachten! Diese lebkuchenähnlichen Macarons sind eine gelungene Kombination aus warmen Gewürzen und Karamell.

Lebkuchengewürz

1 Portion des Macaron-Grundrezeptes (Seite 6)

1 TL gemahlener Zimt

1 TL gemahlener Ingwer

1 Prise gemahlene Gewürznelken

1 Prise frisch geriebener Muskat

Füllung

1 Portion Buttercreme (Seite 11) oder 150 g Mascarpone

1 gehäufter EL Dulce de leche (karamellähnliche Creme aus Milch, Zucker und Vanille)

1 EL eingelegter Ingwer, fein gehackt

½ TL gemahlener Zimt

2 Backbleche, mit Backpapier ausgelegt

Bereiten Sie die Macarons nach dem Grundrezept (Seite 6) zu und fügen Sie in Schritt 1 den Zimt, den Ingwer, die Gewürznelken und den Muskat hinzu.

Spritzen Sie die Baisermasse in 5 cm großen Kreisen auf die vorbereiteten Backbleche, schlagen Sie die Bleche einmal kräftig gegen die Arbeitsplatte, damit Luftblasen entweichen können, und lassen Sie die Macarons anschließend 15–60 Minuten lang ruhen.

Heizen Sie den Backofen auf 170 °C vor. Backen Sie die Macarons auf mittlerer Schiene im vorgeheizten Ofen in 10 Minuten fertig (immer ein Blech nach dem anderen) und lassen Sie sie danach auf den Blechen auskühlen.

Geben Sie für die Füllung die Buttercreme bzw. den Mascarpone in eine kleine Schale und rühren Sie das Dulce de leche, den eingelegten Ingwer und den Zimt unter.

Bestreichen Sie die Hälfte der Baiserschalen mit der Füllung, legen Sie die andere Hälfte der Schalen als Abschluss darauf und lassen Sie die gefüllten Macarons vor dem Servieren 30 Minuten ruhen.

Der Geschmack der Tropen! Am besten bereiten Sie diese exotischen Macarons mit den supersüßen Alphonso-Mangos zu, falls Sie welche bekommen können.

Kokosnuss & Mango

1 Portion des Macaron-Grundrezeptes (Seite 6)

2 EL Kokosnussraspel

gelbe Lebensmittelpaste

Füllung

1 reife Mango

1 EL Palmzucker oder weicher brauner Zucker

1 EL dunkler Rum

100 g weiße Schokolade, fein gehackt

frisch ausgepresster Limettensaft zum Abschmecken

2 Backbleche, mit Backpapier ausgelegt

Bereiten Sie die Macarons nach dem Grundrezept (Seite 6) zu, fügen Sie in Schritt 1 die Kokosnussraspel hinzu und rühren Sie in Schritt 4 die gelbe Lebensmittelfarbe unter.

Spritzen Sie die Baisermasse in 5 cm großen Kreisen auf die vorbereiteten Backbleche, schlagen Sie die Bleche einmal kräftig gegen die Arbeitsplatte, damit Luftblasen entweichen können, und lassen Sie die Macarons anschließend 15–60 Minuten lang ruhen.

Heizen Sie den Backofen auf 170 °C vor. Backen Sie die Macarons auf mittlerer Schiene im vorgeheizten Ofen in 10 Minuten fertig (immer ein Blech nach dem anderen) und lassen Sie sie danach auf den Blechen auskühlen.

Schälen Sie für die Füllung die Mango, schneiden Sie das Fruchtfleisch in Würfel und geben Sie es zusammen mit dem Zucker und dem Rum in einen kleinen Topf. Erwärmen Sie die Mischung bei niedriger bis mittlerer Hitze und lassen Sie die Mangowürfelchen köcheln, bis sie zu karamellisieren beginnen. Nehmen Sie den Topf danach vom Herd, stellen Sie die Mischung eine Weile beiseite und fügen Sie zum Schluss die weiße Schokolade hinzu. Geben Sie die Masse in eine Küchenmaschine, pürieren Sie alles fein und schmecken Sie die Creme mit frisch gepresstem Limettensaft (ca. 1 TL) ab.

Füllen Sie die Mangocreme in eine Schale, lassen Sie sie etwas auskühlen und stellen Sie sie anschließend zugedeckt in den Kühlschrank.

Bestreichen Sie die Hälfte der Baiserschalen mit der erkalteten Creme, legen Sie die andere Hälfte der Schalen als Abschluss darauf und lassen Sie die gefüllten Macarons vor dem Servieren 30 Minuten ruhen.

Man kann sich eigentlich gar nicht so recht vorstellen, dass diese beiden Komponenten harmonieren, aber das tun sie! Und natürlich schmeckt die selbstgemachte Erdnussbutter viel besser als gekaufte.

Erdnussbutter & Himbeere

2 EL geschälte, abgezogene und ungesalzene Erdnüsse

1 Portion des Macaron-Grundrezeptes (Seite 6)

einige zusätzliche Erdnüsse zum Bestreuen, fein gehackt

rosafarbene Zuckerstreusel

Füllung

75 g geschälte, abgezogene und ungesalzene Erdnüsse

1 EL Puderzucker

3 EL gesüßte Kondensmilch

2 EL ungesalzene Butter

1 Prise Salz

4 EL Himbeerkonfitüre

2 Backbleche, mit Backpapier ausgelegt

Ergibt etwa 30 Macarons

Hacken Sie die Erdnüsse in der Schale einer Küchenmaschine ganz fein.

Bereiten Sie die Macarons nach dem Grundrezept (Seite 6) zu und fügen Sie in Schritt 1 die fein gehackten Erdnüsse hinzu.

Spritzen Sie die Baisermasse in 2,5 cm großen Kreisen auf die vorbereiteten Backbleche, schlagen Sie die Bleche einmal kräftig gegen die Arbeitsplatte, damit Luftblasen entweichen können, und bestreuen Sie dann eine Hälfte der Baiserschalen mit den klein gehackten Erdnüssen und die andere Hälfte mit den rosafarbenen Zuckerstreuseln. Lassen Sie die Macarons anschließend 15–60 Minuten lang ruhen.

Heizen Sie den Backofen auf 170 °C vor. Backen Sie die Macarons auf mittlerer Schiene im vorgeheizten Ofen in 7 Minuten fertig (immer ein Blech nach dem anderen) und lassen Sie sie danach auf den Blechen auskühlen. Den Ofen bitte nicht ausschalten.

Geben Sie für die Füllung die Erdnüsse in eine Bratpfanne und rösten Sie sie im Ofen in ca. 5 Minuten goldbraun. Lassen Sie sie danach 2–3 Minuten auskühlen, geben Sie sie in eine Küchenmaschine und hacken Sie sie klein. Fügen Sie den Zucker, die Kondensmilch, die Butter und das Salz hinzu und verquirlen Sie die Masse mit Hilfe der Küchenmaschine zu Erdnussbutter.

Bestreichen Sie eine Hälfte der Baiserschalen mit der Erdnussbutter und die andere Hälfte mit der Himbeerkonfitüre und kleben Sie dann immer zwei unterschiedlich bestrichene Schalen zusammen. Lassen Sie die gefüllten Macarons vor dem Servieren 30 Minuten ruhen.

Die Zugabe von Kokosnussraspel macht
die Baiserschalen sogar noch einen Tick feiner
im Geschmack, falls das überhaupt möglich ist.

Kokosnuss & Schokolade

1 Portion des Macaron-
Grundrezeptes (Seite 6)

3 EL Kokosnussraspel

Füllung

150 ml Crème double

1 Portion dunkle
Schokoladencreme (Seite 10)

2 Backbleche,
mit Backpapier ausgelegt

Bereiten Sie die Macarons nach dem Grundrezept (Seite 6) zu und fügen
Sie in Schritt 1 2 EL Kokosnussraspel hinzu.

Spritzen Sie die Baisermasse in 5 cm großen Kreisen auf die vorbereiteten
Backbleche, schlagen Sie die Bleche einmal kräftig gegen die Arbeitsplatte, damit Luftblasen entweichen können, und bestreuen Sie die
Oberfläche der Baiserschalen mit den übrigen Kokosnussraspel. Lassen Sie
die Macarons anschließend 15–60 Minuten ruhen.

Heizen Sie den Backofen auf 170 °C vor. Backen Sie die Macarons auf
mittlerer Schiene im vorgeheizten Ofen in 10 Minuten fertig (immer ein
Blech nach dem anderen) und lassen Sie sie danach auf den Blechen
auskühlen.

Schlagen Sie für die Füllung die Crème double leicht auf und bestreichen
Sie dann die eine Hälfte der Baiserschalen mit der aufgeschlagenen
Sahne und die andere Hälfte mit der Schokoladencreme. Kleben Sie
anschließend immer zwei unterschiedlich bestrichene Schalen zusammen
und lassen Sie die gefüllten Macarons vor dem Servieren 30 Minuten
ruhen.

Ich liebe Karamell in all seinen Variationen, vor allem aber in Kombination mit Mandeln. Wenn Sie dann noch etwas geschlagene Sahne auf die Macarons streichen, ist der Genuss perfekt.

Mandeln in Karamell

1 Portion des Macaron-
Grundrezeptes (Seite 6)
2 EL Mandelstifte, fein gehackt
1 EL Puderzucker

Füllung

50 g blanchierte Mandeln
50 g extrafeiner Zucker
125 ml Crème double

3 Backbleche

Bereiten Sie zuerst die Füllung und danach das Baiser zu. Heizen Sie den Backofen auf 180 °C vor, legen Sie zwei Backbleche mit Backpapier aus und fetten Sie das dritte Backblech mit Sonnenblumenöl ein.

Rösten Sie die blanchierten Mandeln in einer kleinen Bratpfanne in ca. 5 Minuten gold-braun und lassen Sie sie etwas abkühlen.

Erwärmen Sie den Zucker und 1 EL Wasser bei niedriger bis mittlerer Hitze in einem kleinen Topf, lösen Sie den Zucker unter Rühren vollständig auf und bringen Sie die Mischung vorsichtig zum Kochen. Lassen Sie den Sirup köcheln, bis er zu bernstein-farbenem Karamell geworden ist, fügen Sie die gerösteten Mandeln hinzu und rühren Sie diese rasch unter. Streichen Sie die Mandel-Karamell-Mischung auf das eingefettete Backblech, lassen Sie sie vollständig erkalten und brechen Sie sie anschließend in Stücke. Hacken Sie die Stücke in einer Küchenmaschine ganz fein und bewahren Sie sie bis zur Weiterverarbeitung in einem luftdicht schließenden Behälter auf.

Bereiten Sie die Macarons nach dem Grundrezept (Seite 6) zu. Spritzen Sie die Baiser-masse in 5 cm großen Kreisen auf die vorbereiteten Backbleche, schlagen Sie die Ble-che einmal kräftig gegen die Arbeitsplatte, damit Luftblasen entweichen können, und be-streuen Sie die Oberfläche der Baiserschalen mit den gehackten Mandelstiften und dem Puderzucker. Lassen Sie die Macarons anschließend 15–60 Minuten lang ruhen.

Heizen Sie den Backofen auf 170 °C vor. Backen Sie die Macarons auf mittlerer Schiene im vorgeheizten Ofen in 10 Minuten fertig (immer ein Blech nach dem ande-ren) und lassen Sie sie danach auf den Blechen auskühlen.

Schlagen Sie die Crème double leicht auf, rühren Sie die klein gehackte Mandel-Karamell-Mischung unter und streichen Sie die Masse anschließend auf die Hälfte der Baiserschalen. Setzen Sie die andere Hälfte der Schalen darauf und lassen Sie die gefüllten Macarons vor dem Servieren 30 Minuten ruhen.

Diese Mini-Macarons sind mit einer selbstgemachten Schokoladen-Haselnuss-Füllung bestrichen und schmecken dadurch wesentlich feiner als mit gekauftem Aufstrich.

Haselnuss & Schokolade

1 Portion des Macaron-Grundrezeptes (Seite 6, allerdings mit nachfolgend beschriebenen Änderungen im Vorgehen)

50 g gemahlene Haselnüsse

1 EL Kakaopulver

Füllung

35 g blanchierte Haselnüsse

4 EL gesüßte Kondensmilch

50 g Zartbitterschokolade, fein gehackt

1 EL Crème double

1 Prise Salz

2 Backbleche, mit Backpapier ausgelegt

Ergibt etwa 30 Macarons

Bereiten Sie die Macarons nach dem Grundrezept (Seite 6) zu, doch verwenden Sie statt 100 g nur 50 g gemahlene Mandeln. Fügen Sie in Schritt 1 50 g gemahlene Haselnüsse und 1 EL Kakaopulver hinzu und fahren Sie danach gemäß den Angaben des Grundrezeptes fort.

Spritzen Sie die Baisermasse in 2,5 cm großen Kreisen auf die vorbereiteten Backbleche, schlagen Sie die Bleche einmal kräftig gegen die Arbeitsplatte, damit Luftblasen entweichen können, und lassen Sie die Macarons anschließend 15–60 Minuten lang ruhen.

Heizen Sie den Backofen auf 170 °C vor.

Backen Sie die Macarons auf mittlerer Schiene im vorgeheizten Ofen in 7 Minuten fertig (immer ein Blech nach dem anderen) und lassen Sie sie danach auf den Blechen auskühlen.

Rösten Sie für die Füllung die blanchierten Haselnüsse in einer kleinen Bratpfanne in 7 Minuten goldbraun, lassen Sie sie etwas auskühlen und verarbeiten Sie sie anschließend in einer Küchenmaschine zu einer feinen, leicht klumpigen Masse.

Bringen Sie die Kondensmilch und die Schokolade bei niedriger Hitze zum Schmelzen, geben Sie die Mischung in eine Küchenmaschine und verrühren Sie sie zusammen mit den fein gehackten Haselnüssen zu einer geschmeidigen Masse. Geben Sie die Crème double und das Salz hinzu und rühren Sie erneut.

Bestreichen Sie die Hälfte der Baiserschalen mit der Füllung, legen Sie die andere Hälfte der Schalen als Abschluss darauf und lassen Sie die gefüllten Macarons vor dem Servieren 30 Minuten ruhen.

Falls Sie Pfefferminz-Konfekt bislang für unwiderstehlich gehalten haben, dann probieren Sie doch einmal diese Schokoladen-Minze-Macarons, und Sie werden Ihre Meinung bestimmt sehr schnell ändern. Am besten, Sie bereiten gleich eine ganze Dose voll davon zu und nehmen diese als Geschenk zu einer Party mit.

Minze & Schokolade

1 Portion des Macaron-Grundrezeptes (Seite 6)
grüne Lebensmittelpaste

Füllung

25 g frische Minzeblättchen
40 g (3 EL) extrafeiner Zucker
150 g Zartbitterschokolade, fein gehackt

2 Backbleche, mit Backpapier ausgelegt

Bereiten Sie zuerst die Füllung und danach das Baiser zu. Zerreiben Sie die Minzeblättchen vorsichtig zwischen Ihren Händen, geben Sie sie zusammen mit dem Zucker und 100 ml Wasser in einen kleinen Topf und bringen Sie die Mischung anschließend zum Kochen. Lösen Sie den Zucker unter Rühren vollständig auf, lassen Sie alles 3 Minuten lang köcheln und nehmen Sie den Topf danach vom Herd. Stellen Sie die Mischung beiseite und lassen Sie sie etwa 1 Stunde lang durchziehen.

Geben Sie die Schokolade in eine hitzebeständige Schale, bringen Sie den Minzsirup erneut zum Kochen und gießen Sie ihn anschließend über die Schokoladenstückchen. Rühren Sie die Mischung, bis die Schokolade geschmolzen ist, und lassen Sie sie danach erkalten und etwas nachdicken.

Bereiten Sie die Macarons nach dem Grundrezept (Seite 6) zu und fügen Sie in Schritt 4 die grüne Lebensmittelfarbe hinzu.

Spritzen Sie die Baisermasse in 5 cm großen Kreisen auf die vorbereiteten Backbleche, schlagen Sie die Bleche einmal kräftig gegen die Arbeitsplatte, damit Luftblasen entweichen können, und lassen Sie die Macarons anschließend 15–60 Minuten lang ruhen.

Heizen Sie den Backofen auf 170 °C vor. Backen Sie die Macarons auf mittlerer Schiene im vorgeheizten Ofen in 10 Minuten fertig (immer ein Blech nach dem anderen) und lassen Sie sie danach auf den Blechen auskühlen.

Bestreichen Sie die Hälfte der Baiserschalen mit der Füllung, legen Sie die andere Hälfte der Schalen als Abschluss darauf und lassen Sie die gefüllten Macarons vor dem Servieren 30 Minuten ruhen.

Register